JN439034

고정현 시집

기역과 리을 사이

고정현 시집

기역과 리을 사이

초판인쇄 2019년 11월 26일
초판발행 2019년 12월 9일

지은이_ 고정현
발행인_ 이현자
발행처_ 도서출판 현자

등　록_ 제 2-1884호 (1994.12.26)
주　소_ 서울시 중구 수표로 50-1(을지로3가, 4층)
전　화_ (02) 2278-4239
팩　스_ (02) 2278-4286
E-mail_001hyunja@hanmail.net

값 11,000원

ISBN 978-89-94820-54-5 03810

이 도서의 국립중앙도서관 출판예정도서목록(CIP)은 서지정보유통지원시스템 홈페이지(http://seoji.nl.go.kr)와 국가자료종합목록 구축시스템(http://kolis-net.nl.go.kr)에서 이용하실 수 있습니다. (CIP제어번호 : CIP2019047699)

고정현 시집

기역과 리을 사이

도서출판 **연자**

시인의 말

길과 글

아마 내게는 방랑벽이 있는 모양입니다. 20대 초반부터 기회가 되면 바람난 사람처럼 길을 떠나곤 했기 때문입니다.

길을 떠날 때, 내 가방 속에 고독이거나 쓸쓸함, 또는 기대감이거나 흥분, 아니면 '이유 없이'라는 것을 담아서 나서곤 했습니다.

때로 길을 잘못 잡아 헤매기도 하고, 잘못 들어 유턴하기도 하고, 어느 곳에서는 무엇엔가 푹 빠져 한참이나 서성이기도 했습니다.

하지만 모음 하나가 나를 매료시켰습니다. 바로 '이'입니다.

기역과 리을 사이에 이 'ㅣ'를 세우면 길이 되고 눕히면 글이 된다는 것입니다. 나는 이 모음 하나를 '길에서 글을 만나는 것.'이라고 해석했습니다.

고맙게도 내가 가는 길에는 늘 글이 맞아주었습니다. 글은 언제나 나보다 먼저 그곳에서 나를 기다려 주었고, 나는 글의 도움으로 여행의 시작과 끝을 맺곤 했습니다. 어쩌면 내게 길과 글은 가장 가까운 친구이며 이웃이며 동지이며 동행자이기도 합니다.

여기 또 다시 길에서 만난 글을 소개해 드립니다. 독자들에게 소개해 드리는 것을 기뻐하면서, 더불어 또 다시 글을 만나기 위한 길을 떠나려는 이유를 만들기 위해서입니다. 모든 분들께 감사드리며…….

2019년 11월

차례

1부_ 길에서 만난 계절

2부_ 길에서 만난 인연

3부_ 길에서 만난 풍경

4부_ 길에서 만난 세상

—

1부

—

길에서 만난 계절

—

저 꼬무락거리는
손가락을 봐
바람에 살포시 흔들리는
머릿결은 어떻고
옷을 염색하는
저 실력도 대단하지만
화색 도는 얼굴이
아름답지 않은가 말이야

그것 봐
오고 있잖아

- 〈봄〉

詩의 날에

저기,
저 도도하게 흐르는 문맥文脈을 보라
백두대간 줄기를 옹골지게 붙잡고
불끈거리며 용솟음치는 문학文學의 줄기들

봉우리마다 문향文香의 맥脈을 이어오는
김춘수봉峰 김소월봉峰 김상용봉峰
모윤숙봉峰 박두진봉峰 박인환봉峰
백석봉峰 신석정봉峰 이상봉峰
윤동주봉峰 이육사봉峰 유치환봉峰
조병화봉峰 홍사용봉峰 한용운봉峰
어찌 그 봉우리를 다 엮어낼 수 있으랴

여기,
그 문향文香의 맥脈을 이어가고자
문학文學의 울타리 안에서
씨를 뿌리고 정성껏 가꾸어 가는
작은 언덕들이 어울리고 있으니

저 위대한 봉우리들을 본으로 삼고
지난 세월을 갈고 닦았도다

문인들이여!
붓을 잡으라! 먹을 먹이라!
그대들의 시심詩心을 아끼지 말고
그대들의 시상詩想에 불을 지펴
활 활 타오르게 하라! 활 활 타오르게 하라!
이 나라 문학의 맥을 이으라

훗날 누군가 그대들을 기억할 때
봉우리가 되어 있으라!
봉우리가 되어 있으라!

세월

바람과 함께 가는 세월은
앞서가는 꿈을 좇아가지만
바람 지나간 자리에
아쉬움이
주름 잡힌 추억 붙들고
씁쓸한 모습으로 서 있는데

주름 사이사이 끼어있는
못 이룬 꿈들은
저희끼리 부대끼며
자신의 사연이
아쉬움과 가깝다 하지만
그에게는 모든 것이 서러움이다

봄

저 꼬무락거리는
손가락을 봐
바람에 살포시 흔들리는
머릿결은 어떻고
옷을 염색하는
저 실력도 대단하지만
화색 도는 얼굴이
아름답지 않은가 말이야

그것 봐
오고 있잖아

어느 봄날

들꽃과 연분 쌓고
나비 날갯짓에 눈 뜨며
작은 곤충 간지럼에 슬며시 웃던
그날

아지랑이 따라 솟는 새순이
온몸 바쳐 흥겨움 만들고
바람에 옷깃 춤추던
그날

구름에 붉은 연지 한 점 찍어
휘- 날려 보내며
오늘 내 맘 전하리라 하던
그날

오래전 어느 한 날이었던
그날인 것을

꽃 3

꽃은
아침에 피는 것이 아니라
밤새도록 산통 겪으며
조금씩 열려지는 것이다

네 이름이 비雨

비틀걸음으로
가슴에 내려앉아
촉촉하게 적시면서
시공간
그곳으로 이끄는
너

비

구름이
검은 서러움에 휘말려 울고 있다

영원한 안녕이라 결심한
잊힌 추억이 아른거린다

가슴에 쌓인 댐을 무너뜨린
거센 보고픔이
동맥을 휩쓸고 심장에 머문다

피가 된다
붉은 피가 된다
바람이 덜커덩 대며 다가온다

바람의 힘에
구름이 쫓겨 가며
실핏줄 하나를 터뜨린다
그리움이 당황한다

비가 그친다
빈 잔 하나가 덩그러니 놓여있다

비 그친 후

어제
그리움이 종일 내리더니

아침
수북하게 쌓여 있는
갈색 추억들을
잘 벼린 날 선 기억이
되짚어 파헤치고 있다

먹구름

저 살진 녀석을 봐
얼굴에 심술 가득하잖아

걷는 모습도 뒤뚱뒤뚱
한 걸음 내디디며 숨차하니

스스로 견디지 못해
살 빼려 들면
꽤나 요란 떨겠어

착각의 바다

푸른 꿈 가득 안고
하얀 팔 넓게 벌리며
나를 안고 싶어 하는
당신의 열정을 느꼈지만

혹여
그대 품에 안기면
헤어 나올 자신이 없어

차마
다가서지 못하고
머뭇머뭇하는 발길에
마음조차 열 수 없었던
그날은
당신의 비릿한 냄새조차
나를 유혹하던
그 여름의 문턱이었답니다

폭염 3

입추가 이사 온 뒤
바람의 유혹에 늦게 일어나
오전 여덟 시로 가고 있는 시계에게
지청구를 들으며
블랙커피로
근육을 일으켜 세우는 동안
머리는
압축된 시간을 열기 위해
공회전을 시작하고

시간에 쫓겨
서둘러 비워놓은 집

입추가 집들이를 시작한다

단풍

고운 옷 한 벌 위해
긴 세월 견디며 지낸 너는
햇볕에 몸 태우고
나는
너로 인해 마음 태운다.

낙엽 3

철 지난 바람이
반소매 티를 비웃고
햇볕은 담 넘어 들어와
작은 방에
남은 자존심 펼쳐 놓지만
만둣국과 고등어 찜의
낯 설은 만남처럼
바람과 햇볕이 어색하게
실내를 헤집고 있는 한낮

어정거리는 마음과
작정하지 못한 어설픈 가슴은
헤픈 공상에 짓눌려 있을 뿐
서성거리는 걸음 떼지 못하고
안절부절만 창밖으로 보내고 있다

그는 떠난다고 하는데

낙엽 7

주산지에서 태어나
고향과 피붙이를 떠나기 싫어
끈끈하게 묻어나는 아쉬움으로
웅성거리고 있는 저들

겨우내 얼지 않을 것이라며
와글와글하는 물가에
옹기종기 모여
흩어지기를 거부하고 있지만

시간이 흐른 후
물가에 어슬렁거린 대가를
겨우내 언 몸으로 치르게 될 것이다.

모과

눈길 가지 않는 곳에서
바람이 데리고 오는 향
무엇 하나 버릴 것 없는 내면이
그곳에 머물고 있다

모과 2

부끄러울 것 없어
당당하게 드러냈지만
눈에 뜨이는 모습은
울퉁불퉁 보잘것없이
거칠어진 것들뿐입니다

파란 꿈이 노랗게 물들고
팽팽한 긴장이
후줄근한 늘어짐이 되어버린
그사이에 머물렀던 계절이
녹녹하지 않았겠지요

자신을 다 내어놓은 후
가치는
손아귀 안에서
깊은 향과 따뜻함으로 남겠지요

꿀과 어우러지는 섞임
모과 닮은 어머니의 손등

차 한 잔 끓여 내시고
기뻐하시던 웃는 표정
가슴이 만나는 겨울 아침입니다

가을

익는다는 것은
비어 있는 것을 채우는
충만이다

실하게 여문 겸손을
가득 채우고
들과 산에 출렁거리니

이 계절은
익은 것들이 벌여놓은
풍성한 잔칫상이다

겨울 강

날씨가
청양고추만큼 매운 날입니다

눈보라는
옷깃을 여며도 가슴에 들어옵니다

화롯불이
제 능력을 펼치지 못하고
위로 오르다 옆으로 기울어집니다

내게는
결코 녹지 않을 얼음이지만
바다를 향해 흐르는
당신의 마음이
나를 아프고 슬프게 합니다

당신은
내가 보내드리지 않아도
기어코 바다에 이르겠지요

바람 따라 겨울은

겨울은 언제나
저보다 찬바람을 앞서 보낸다

찬바람은
향기 다 뿜어낸 꽃잎과
진액 소비한 단풍잎과
창고에게 빼앗긴 빈 들판과
눈물조차 소진한 여인의 가슴과
구두 수선공의 무릎 속을
헤집고 다니고

내일의 희망조차 빼앗을 것 같이
산과 골을 강과 들을
시골 돌담에 메여있는 호박 넝쿨을
그리고
허전을 달래는
사내의 시간 속으로 드나드는데

겨울은
바람이 닦아놓은 길 따라
비열한 웃음을 동반하고 나타난다

폭설

저
순한 것이
함박함박 웃을 때
하얀 꽃 담뿍 피어나지만

모이면 조직되고
뭉치면 세력 되는 것

삼일 만세처럼
촛불처럼

강추위

고추만 매운 것 아니더라
그의 치켜뜬 눈꼬리와
눈매가 하는 말도 맵더라

입에서 튀어 나온 말이
손바닥보다 더 매워
가슴을 후비더라

이 관계가 풀리기까지
얼마나 매운 추위가
내 삶을 에워쌀까 두렵지만

그래도 봄은 오겠지

겨울, 그 그리움

추위가
아스팔트를 뚫고 솟구쳐 올라
싸늘한 눈웃음으로
보도블록 틈새 같은 사타구니를 헤집어
냉기로 가득 차게 만드는 날이 되면

낙엽이
흩날리는 계절에
허허로운 웃음으로 보내버린 뱃심이
어지러움, 머뭇거림에 뒤섞여
어디론가 알지 못하는 길로 떠나고

세월은
응시할 곳을 찾지 못한 눈동자를
회색 하늘로 향하게 하니
가슴은 쉴 곳을 찾지 못해 허둥거리네

나는 지금 외로운 것인가, 진정

겨울, 그 서러움

하얀 들판에 무색 눈물 떨어지던 날
바람은 울음소리를 대신 내고 있었고
꾹 다문 입술 사이로 시린 가슴 튀어나오는데
두 손으로 할 수 있는 것은 입막음뿐이었지

하얀 추억이 눈길 따라 멀어지던 날
벌거숭이 나뭇등걸 위에 앉아서
하얀 발자국 뒤를 따르는 내 눈동자에
꺼져가는 그림자의 서러운 슬픔만 보였지

사랑은 그렇게
빛바랜 하얀색이 되어 떠나고
텅 비어버린 성냥갑 같은 마음속에는
불 지펴야 할 이유조차 남아있지 않았어

계절만 내게 서러움은 아니었지

겨울, 그 아쉬움

잠시
온몸 드러내었다가
순간
조용하게 물러가는
너의 자리에는
질퍽거리는 아쉬움이 남았지만
너는
햇살 따라 하늘 길로 걸음 옮겼지

너를 맞을 마음의 준비도 못한 채
너 떠난 빈자리를 바라보며
울컥울컥 속마음만 다스렸지
오랜 기다림의 짧은 흔적을 슬퍼하면서

겨울, 그 아픔

난분분하게 내리던 눈송이들이
내게 송곳 되어 가슴 찌르던 날
기억 저편 그늘진 곳의 그림자 하나
하얀 이 드러내며 웃는데

얼굴에 흐르는 두 줄기 눈물이
잠시 내 손등 따스하게 적시고
헛헛하게 식어버리니

아직
어제인 듯
내 안에 잠자고 있던 이별의 기억이
겨울바람에 펄럭이며 아침을 맞는다

2부

길에서 만난 인연

나는 매일
몇 그릇의 후회를 먹으며 산다
습관적으로
밥 챙겨 먹는 것처럼
후회도 습관이 되었나 보다

후회를 한 숟갈 뜨면
짭조름한 자책이 뒤를 따르고
후회를 한 숟갈 삼키면
식도보다 먼저 심장이 힘들어한다

잠자리에 누워서도
후회를 쫓지 못하고 끌어안는다
잠결에서도 후회를 한다
왜 그랬는지
왜 그 말을 했는지를

-〈후회〉

시詩 씨

옛말에
밭 원망 말고
씨 원망해라 하였건만

실한 두 아들 보며
아내 탓할 수 없었으나
남모를 서운함이 허전함과 함께
긴 세월 내 안에 있었는데

詩가 씨가 되더니
예쁜 딸 하나 안겨 주었다

* 글이 맺어 준 딸과의 인연 1년(2019. 5.)

Koppee With에서

차 한 잔

여유로움이 선물로 주는
편안함의 시간을 받아든다

따뜻하게 감싸주는 평화가
탁자 위에 머무를 때쯤
웃음이 실내를 채우고

향기가 피어오르는 동안
가슴을 적시는 훈훈한 풍경이
한 잔의 차와 함께 머무르고 있다

*Koppee With(커피 위드)_ 오산 세교지구 고인돌 공원 건너편, 상업지구 내에 있는 카페 이름.

아픔

열 손가락 깨물어
아프지 않은 손가락은 없다
그러나
더 아픈 손가락 있는 것처럼

내 삶의 흔적들 가운데
아픈 사연 여럿 있지만
그 중에 너는
더 많이 아픈 사연 되어버렸다

가장자리 2

가장家長으로 살다가
가장자리로 물러났지만
소일거리 없는 존재로
허송세월하지 않으려 합니다

가장자리에서
가장 강력한 울타리 되어
가족을 보살피고
가정을 보호하며
존재성을 드러내려 합니다

아내의 편

옷이 마음에 안 들어
과일이 겉만 번드르르하네
물건 바꾸러 가고 싶다는
아내의 푸념입니다

그냥 입지 뭘 그래
대충 골라 먹고 말아
장사꾼 입장도 생각해야지
바꾸러 가기 귀찮은
남편의 대꾸입니다

이건 안 되겠어 아내의 결심에
꼭 바꿔야 하나
남편의 지청구가 따라 붙습니다

당신 한 번만이라도
내 편 되어주면 안 돼
아내의 울음 섞인 말에
뒤통수가 뻐근해집니다

가자, 당신 원하는 대로 해
차 키를 찾아 들고 나서는데
눈물 젖은 아내의 웃음이
등을 밀어주고 있습니다

어머니

시들어 가는 꽃도
아름다울 수 있다는 것을 알았습니다

처음 말을 배우는 아가의 옹알이처럼
입술을 더듬으며 뱉는 말 몇 마디가
그만큼 소중하다는 것도 알았습니다

노인 보행기 손에 잡으실 때
조심하시라는 염려에 보여주는
어색한 웃음이 어여쁘다는 것도 알았습니다

흔들리는 젓가락으로 보여주는
한 인생의 걸었던 길이
내게 큰 선물이었던 것도 알았습니다

세월이 흐를수록 깊어지는 기억이
진한 그리움 되어버린 것을
이렇게, 떠나신 후 알았습니다

보라

어머니는 늘
말씀의 끝맺음을 이렇게 하셨습니다
보라
어머니의 보라는
실행을 요구하는 명령이었고
경험을 지혜로 만들라는
깊은 가르침이셨습니다

어떤 때에는
보라대신 보아라거나
보고라거나
본 후에 라고도 하셨지만
먹어보라 신어보라 입어보라 찾아보라
만져보라 심어보라 뽑아보라 써보라
해보라 가보라 등으로 하신 말씀인데

나도 모르게
어머니 닮은 말솜씨를
엄숙한 표정이나 편한 표정으로
아들과 손자 앞에 내려놓으며
말하고 있습니다. 보라

빈 소주병

어느 여류 시인이
빈 소주병에 대한 시를 낭송하는데

나는
텅 빈 소주병이
바람 스쳐가는 길목에 누워
무슨 소리 냈는가 기억해 보니

휘파람 소리 같기도 하고
새의 짝 찾는 소리 같기도 하고
어느 날 밤
여인이 흥분에 겨워
자지러지는 소리 같기도 하고
취한 사내의 웅얼거리는 소리 같기도 했다

어느 저녁
집 앞 공원 정자에 앉아
빈 소주병 하나 앞에 놓고
바람 스쳐갈 때
무슨 소리를 내는지 관심을 주었더니

아!
병실에 누워
마지막 숨 고르느라 애쓰시는
어머니의 끈적이는 바람소리가
휘이 휘이이이이 휘 이이이이이 하며
하늘로 하늘로 올라가고 있다

덩그러니 누워 있는 빈 소주병
잠시 후
어느 노인이 눈치를 보며 주워갔다

허기虛飢

상 위에 보리밥 차릴 때
그 녀석은 대문 열고 들어왔다

고봉밥으로 배를 채울 동안
녀석은 상 앞에 앉아
헛웃음으로 수저 놓기를 기다렸고
트림할 때 그 자리를 꿰차더니
보리방귀 소리를 듣고서는
그 자리에 드러누워 버렸다

문고리 잡고 나가시는 아버지
허리 굽히실 때
헛헛은 등 뒤에 들러붙었고
헛배를 쓰다듬으시는 등골에
땀이 흘러내리고 있었다

치과 치료 받는 동안
부드러운 음식 먹으라는 권고에
간장과 두부로 찬을 삼는 내게
그 헛헛함이 찾아와
헤픈 웃음을 건네고 있다
아버지의 허기가 내게로 왔다

고뇌

한나절
허虛하게 놀았으니
한나절
실實하게 살아야 하는데
허虛는
온몸에 습관 되어 머무르고
실實은
약지 끝에 매달려 대롱거리니
머리는
실實을 꿈꾸며 고뇌하는데
몸은
허虛하고 단짝 되어있다.

손을 씻다가

손을 씻다가
손등에 올라타고 있는
고랑들의 수를 세어본다

나도 모르는 사이
밭고랑 닮아 버린
주름들

대나무는
마디 하나 엮으며
솟구칠 힘을 얻는다, 했던가

매듭이었다면
사연 하나 맺히지 않았을까

굳은살이었다면
사연 하나 엮이지 않았을까

손을 씻다가
손등을 마구 문질러 본다

후회

나는 매일
몇 그릇의 후회를 먹으며 산다
습관적으로
밥 챙겨 먹는 것처럼
후회도 습관이 되었나 보다

후회를 한 숟갈 뜨면
짭조름한 자책이 뒤를 따르고
후회를 한 숟갈 삼키면
식도보다 먼저 심장이 힘들어한다

잠자리에 누워서도
후회를 쫓지 못하고 끌어안는다
잠결에서도 후회를 한다
왜 그랬는지
왜 그 말을 했는지를

오늘

쉬고 싶은 마음이 굴뚝 연기처럼
하늘로 오르는 해 걸음의 시간

몸은 피곤에 젖어 있지만
마음은
아직 끝내지 못한 사연이 있다고
낮에게
조금 더 머물러 달라고 부탁한다

쉰다는 것은 게으름의 벗이고
잔다는 것은 짧은 이별이기에
해를 붙들고 싶은 욕망이
노을만큼이나 붉게 물들어 있다

나이에 비례하는 시간은 빠르고
늙어갈수록 더 빨리 가는 하루
하고 싶은 것 보다
하지 못한 것들이 무더기를 이루는데

포기하기에는
아직 늙지 않은 마음이
젊음을 붙들려고 애를 쓰지만
몸은 허탈과 어울려
체념 쪽으로 기울어지고 있다

아!
예전에는 말이야 라는 말이
반갑지 않는 오늘이다

사랑은

먼지 같은 것

바람에 흩날리며
온몸을 훑어
쓰라린 아픔을 주고
비와 함께
진득하게 붙어
그리움 남겨놓는 것

우체국

너에게 내 마음 보내려
우체국으로 간다

등기로 보낼까 하지만
네가 집에 없어 못 받을 것 같고
택배도 생각했지만
현관 앞에 두고 가세요 할까 싶어
포기하고
일반 우편으로 보내려니
여러 날 걸리고
분실해도 책임지지 않으며
수취인에게
정확하게 전달되지 않을 수 있다는
직원의 말을 들으며
주춤하고 있는데

업무 종료되었으니
내일 다시 오세요 하는 소리

내일은
너에게 내 마음 보내기 위해
서둘러 볼 생각이다

무언無言의 눈으로

한 번쯤
끝 갈 데까지 가고 싶지만
몇 걸음 못가
갈림길 나올까 두려워
한 마디
가슴 한곳에 넣어두고

오늘도
끝 갈 데까지 가자 하며
손목 잡아끌고 싶은데
갈림길 만날까 두려워
떨리는 입술 깨물며
무언無言의 눈으로 바라볼 뿐

사랑 한 잎

이제 그리하지 않겠노라
가슴 저며 놓았는데

살포시 틈새로 얼굴 내민
빨간 사랑 한 잎

태양과 어울리고 싶어
어여쁘게 피어났지만

흐린 날씨에
다가오는 것은 촉촉한 마음뿐

아픔은 여린 가슴 속에서
아직도 흔들리고 있는데

넹

대화창에 올라온 한 글자
넹

반어도 존대어도 아닌 것이
얄밉거나 애교도 아닌 것이
가볍거나 무겁지도 않은 것이
얕보거나 무서워하지 않는 것이
앙증맞게 웃으며 얼굴 드러낸다

넹
한 글자에
냉이 향이 향긋향긋 거리며
나폴나폴 가슴에 내려앉아
봄을
뜨거운 여름으로 이끄는
사월의 어느 날 대화창이다

그는 누구일까

어두움이 성큼 걸음으로
도시의 골목을 점령하는 시간에
등줄기를 타고 흐르는 땀처럼
스멀스멀 다가오는 상념 하나
그는 누구일까

가슴을 톡 쏘고 저릿하게 하며
목으로 내려가는 소주의 첫 잔처럼
목울대를 움칠거리게 만드는
그는 누구일까

지하철 안의 여자에게서
기능성 화장품 냄새를 맡으며
머리를 감고 다가오는
풋풋한 물 냄새가 그리워지게 하는
그는 누구일까

그리움

사랑이 떠난 자리에
기다림 한 그루 심어 놓았다

몇 번의 소나기와
몇 번의 눈雪이 오고 가야
줄기가 자라고 가지를 뻗어
미련의 담을 넘어
잊힘으로 갈 수 있을까

기다림 주변에 수북이 쌓이는
깨지고 날카로운 추억들이
삶에게 깊은 상처를 주고 있다

잘도 꼽딱하지예

노인이 허리를 굽혀
작은 여자아이를 품에 안고
볼에 입을 맞추는데
술 냄새가
쿨럭거리며 튀어나온다

아이가 코를 막고
당황한 몸을 뒤틀어가며
반 울음의 얼굴로
구원을 바라고 있지만

환하게 웃는 젊은 엄마
잘도 꼽딱하지예* 하는 말이
여자의 귀를 취하게 하더니
여행자의 발 등에 얹혀
걸음조차 취하게 하는데
매일 올레** 시장은 대낮이다

* 엄청 예쁘다는 제주 방언

** 서귀포에 있는 재래시장

시인들의 酒店

찌그러진 노란 주전자가
지루한 하품하며 졸고 있고
카운터에 머리 맡기고 여우 잠에 빠진
주인의 옅은 숨소리는 주변을 맴돌고 있는데
질서를 잊어버린 수저들과 널브러진 어지러움은
하루의 임무를 마치고 마냥 편하게 쉬고 있다.

넓은 공간 차지하고 둘러앉은 이들은
약지로 술잔 휘휘 저어 단숨에 들이키고
몇 점 남지 않은 두부김치 위에
시 몇 편 덧칠하듯 얹어놓은 후
게슴츠레한 눈으로 입맛 다시고
그 솜씨와 정성 한 점 젓가락질한다.

트림에 덜미 잡혀 입 밖으로 나오는
유명한 시인의 시 한 편이
그들의 난잡한 목청에 휘말리고
홀 안 가득 채운 시어들의 아우성은
정리되지 않은 채 흩어지고 있는데
조간신문이 문틈으로 드려지고 있다.

태화강에 가시거들랑

태화강에 가시거들랑
음식 거리를 지나가시라
일 열로 늘어선
식당들을 열병하시라

14호 식당은 들러보시라
메밀 수제비를 시켜 드시라
막걸리도 한잔하시라
메밀전병과 감자만두는
곁들여 드셔보시라

어디서 이 맛을 보시겠는가
울산 태화강에 가시거들랑
14호 식당은 꼭 들러보시라

틈

미세함의 여유

짧음 속에서
그리운 사람을
그려보는 시간

옷깃을 여민다

새벽

밤새 손만 잡고 지낸
가로등이 헤어지고 있다
다시
어두움을 기다리는 시간이
무척이나 지루하겠지
어깨를 감싸거나
얼굴을 쓰다듬거나
포옹하지 않고
그저 긴 팔 내뻗어
손만 잡고 지낸 밤이지만
삶이 그런 것이라 믿으며
어두움을 기다리고 있겠지
아쉬움은 깊이 묻어두고서

절벽

그의 귀는 산 정상에 있었고
나의 말은
그의 귀에 도착할 때까지
가파른 산을 올라야 했다

3부

길에서 만난 풍경

보이려고 했던
M이나 N이나 S는 아닐 것이다

내가 코를 풀 때 눈을 찡그리듯
국수 먹을 때 후루룩거리듯
그의 살아가는 모습이 그럴 것이다

흉본다는 것
비웃는 다는 것
그것은 다른 사람의
M이나 N이나 S를 보았기 때문이다

혹, 누군가도 나의
M이나 N이나 S를 보고 웃었을까

살아가는 것 그것은
M이나 N이나 S인 것이다

-〈벌레, 기어가다〉

기역과 리을 사이

기역과 리을 사이에 있는
'ㅣ'라는 모음을 만났다

'ㅣ'를
기역과 리을 사이에 세우면
길이 되고
기역과 리을 사이에 누이면
글이 되니
길은 세우고 글은 눕히고

어느 시인은
전망이라는 말을 발음할 줄은 알지만
높은 나무에 직접 올라가
너른 들판을 바라보지 않는다 했으니

이를 세우고 눕히는 것
길에서 글을 만나기 위해
낡은 가방을 둘러멘다

대전 중앙시장

물오른 봄이 나들이 나섰다가
시장 좌판 딸기 향에 매료되어
그 위에 앉아 난장질하고 있다

왁자지껄 흥 오른 잡음이
시장 골목 휘젓고 다니며
저마다의 음색을 내고 있지만
봄을 주제로 어울림이 제법이다

봄볕에 몸 태우는 붕어빵
불볕에 몸 익히는 호떡
지루함보다
기대치를 담보한 대기 행렬
엿장수의 북이
하늘로 소리를 치올리고 있으니

봄이 시장 통에
제자리 잡고 누워버린다

詩 갈증

향수를 읽노라면
주머니에 임진강의 피라미들이 꼼실대며
엄마 찾는 송아지와
새끼 꼬느라 손바닥에 침을 퉤 뱉는 아버지와
허리춤에 걸려서
땀 국물로 반이나 배를 채운 수건과
성근 별 흐드러지게 피어있는 이야기들이
작은 서재 안에
만원 버스 승객의 숨소리처럼 가득 채우고

노모를 읽노라면
하루 종일 어머니 손등에 고랑 내느라 지친 호미와
지루하지 않을 정도의 시간을 밥 때맞추듯 때맞춰
어머니의 손톱을 깎아내리던 산등선 밭 자갈들이
거친 호흡 가다듬으며
내 손톱 깎아준다고 날을 세워 다가서고

광어 회 한 점 초고추장에게 다가설 때
김천의료원 6인실 302호에
산소마스크를 쓰고

한쪽 눈을 다른 한쪽 눈으로 옮아 붙인
가재미 한 마리가 기억나며

자신에게 남아있는 생존 본능이
광어 회 등에 붉은 핏방울 되어 뚝뚝 떨어지며
한 점 젓가락 파르르 떨게 만드는데

나는
그런 詩 한 편 못쓰면서
새벽 세 시 사십삼 분을 알려주는
모니터 우측 맨 아래 작은 숫자를 보며
커피가 좋을지 물이 좋을지 고민하고 있다.

전철 안에서

새벽
세마 역에서 평택으로 간다
두 정거장 뒤 오산 역에서
밤새 풀리지 않은 피곤을 등에 짊어진
육십 대 남자 넷이 타더니
졸음을 의자 깊숙이 밀어 넣고
레일 부딪히는 소리와 싸움을 한다

발밑에 놓인 검은 가방이 흔들리는데
그 속에 무엇이 들어있을까
목수연장일까 미장연장일까 철근연장일까

한 정거장인 진위 역에 이르니
허리 굽은 냉동 새우 모습이다
잠시 후면 드럼통 난로 앞에서
믹스커피 한 잔으로 피곤을 쫓아내고
몸이 소금에 푹 절을 때까지 일하겠지

평택 역에 이르러
허리를 펴는 그들의 등에
졸음이 피곤과 함께 들러붙어
냉동 새우가 좋다 하며 떨어지지 않고 있다

반구대 암각화

본능

얼마나 많은 시간을
그림 하나 바위에 새겨
나 여기 있었노라
흔적 남기기에 바쳤을까

그가 살아있었던 흔적이
종족 보존으로 부족했을까

몸부림치는 존재들
무엇으로라도 남기고 싶어
몸으로 그려낸 그림
혼이 흔들리며 새겨놓은 그림
거기에 그들이 살고 있었다

십리대숲

내 서두름이었는지
계절의 감각을 느끼지 못한
대지의 게으름 때문인지
죽순의 옹알이를 들으며
십 리 길 오붓하게 즐기려는 생각은
거친 바람의 방해로 숨을 죽이고
대숲은 억센 흔들림을 사용해
서로에게 큰 소리로 말하고 있었다

비워야 산다는 그들의 호령이
태화강 줄기를 타고 오르내리며
지나는 이들의 가슴에 쏟아놓는다
비워야 사는 것
비워야 마디가 견고해 진다는 것이
우리의 머릿속에서는 녹슬어 가고
대숲은 생활로 엮어가고 있다

간절곶에서

그리움은 파도에 휩쓸려
돌아오지 못할 길을 떠나고
간절함만 추억에 매여
먼 바다에 눈길 주고 있는 곳

길 없는 길
바람은 제 길을 잘 찾아가는데
상처 입은 심장에 다가서는 햇볕은
아물어가는 아픔을 찔러
쓰라림을 되살려 놓았고
비어있는 빨간 우체통으로
주소 없는 기다림을 집어넣지만

돛대 없는 마음은
방향타 없이 헤매는 시간 따라
간절곶 해안에 부딪치고 있다

광안 해변의 아침

구름은 분노를 삭이며 머물러 있고
바람은 구름을 달래려 살랑거리고 있는
광안리 해변은 엄숙하게 누워있는데
모래는 저들끼리 뭉쳐
갈퀴질 하는 바다에 대항하고 있다

누군가의 발바닥을 간질이기 위해
저들은 바다를 이겨야 한다
흩어지지 않으려는 몸부림
그것은 처절한 울부짖음이다

하늘은 고요함을 갖추고
곧 쏟아버릴 것 같은 무거움으로
누군가의 마음에 상처를 낼 것 같은데
바다는 모래를 차지하려 무던 애쓰고
모래는 정체성을 지키려 안간힘을 쓰고 있다

다대포의 석양

구름은
슬픈 눈물 삼키며
태양을 품에 안고
조금씩 거두고 있는
뜨거운 숨결을 느끼고 있다

바람이
조용히 머물러 있다가
열기 식은 해를 관찰하고
오늘은 이라는 선고를 내리면
몇 시간 숨어 지낸 태양이
새로운 출생신고를 하겠지

고요가
쓰다듬고 있는 다대포는
어두움의 자장가를 들으며
밤으로 몸을 덮고 잠이 드는데
흥청거림이
횟집들의 몫으로 남겨지고 있다

통영 바다

낚시 들어 올리니
그 끝 날카로운 바늘에
버려진 시간이 딸려 오르지만
건지고 싶은 추억 하나는
낚시꾼의 세월 비웃듯
바다 속 깊은 곳에 자리하고
건져질 조짐이 보이지 않는다

낚시 줄과 바다의 경계를 표시하는
찌의 흔들리는 머리끝에
사내의 두 눈동자가 머물러
흐릿한 아픔의 파도를 타는 동안
낚시 바늘은
사내의 잊어지는 추억 잡으려고
파도 속을 헤집고 있다

낮은 조금의 여유도 주지 않고
제 길 바쁘게 걸어가고
그림자는 집으로 가기 위해
키를 키우고 있는
저녁나절의 통영 바다 풍경이다

소매물도

바람 머물기를 거부하려고
봉우리로 세워진 섬
인위적으로 평지 만들어
살아갈 터로 삼아
삶을 연명하는 사람들

살아가기가 난감했을 것이다
먹거리 놀 거리 할 거리가
만만하지 않았을 것이다
세찬 바람과
동거하며 어울려야 했을 것이다

뭍의 거리나 가늠해 보았을까
옛 어른들이 쌓아놓은 돌담에
세월만큼 굳은살이 맺혀있는데
여객선 없던
그 시절은 얼마나 아팠을까

멍게 한 점이 바닷바람에
감기 몸살 걸렸는지
온몸에 열이 올라 빨갛게 물들었다

뭍 - 소매물도 2-

포기도
삶의 한 부분인 것은

어릴 적 뭍으로 가고 싶다 할 때
길을 막으신 어머니에게서 처음 배웠지

섬 신랑 데리고 오신
아버지의 눈빛에서
뭍은 가당치 않다는 것을 깨달았고

뭍으로 간 아들의 함께 살자는 말에
송충이는 솔잎 먹어야 한다는
남편의 고집 꺾을 수 없을 때 알았지

포기가 때로는
위로도 된다는 것을

영양 산나물

영양 산기슭에 뿌리 내리고
볕과 물과 공기로 자라더니
오월의 바람결에
유들유들 산들산들 거리는
저 파란 것들의 유혹

오늘 하루는
벗들을 모이게 하여
초화 주 한 잔과
주물럭주물럭 무쳐 놓은
갖은 나물 찬을 안주 삼고

매콤짭짤한 고추장과
들기름 한 방울 섞은
양푼 비빔밥 만들어
즐거운 만찬으로 보내리라

갑과 을

제주 더 마 파크
말馬들의 공연장에 간다

기수와 일체一體가 된 말들은
연출자의 의도에 맞춰
기획된 연기를 하는데
기수와 일심一心이 된 것일까

한 무릎을 꿇고 고개 숙인 말은
등에 앉은 기수의 무게를 느끼고 있을까
목구멍이 포도청이라는 노인의 말이
기수를 바라보는 말의 눈에서
끔벅거리며 튀어나오고 있다

죽는 군사와 함께 드러누워
죽은 척 배를 드러내놓은 말들의 연기는
본래의 생리가 아닐 것이다
말들의 숨 고르는 거친 소리에
일용직 노동자의 거친 숨소리가 난다

연기를 끝낸 말들이
관중들의 우레 같은 박수 소리보다
천 원짜리 홍당무에 눈길 주는데
백화점에서 종일 서서 일하는 점원은
통통 부은 종아리보다 전표에 눈길을 준다

땅콩이 몸을 돌린다

어디 있을까

맛 '있는'은 있는데
맛 '나는'은 어디 있을까

멋 '있는'은 있는데
멋 '들어진'은 어디 있을까

자연 '은' 있는데
자연 '스러움'은 어디 있을까

제도화制度化가 만든 것들 속에
'생긴 그대로'는 어디 있을까

아랫목 이불 속에서 발효된
냄새 나는 청국장이 먹고 싶다

섬진강

푸르디푸르러
속살 다 보이는 강

발 담그고 싶어
한 걸음 다가서다가
태백산맥과
토지가 주는
세월의 깊이를 알 수가 없어
되돌아서는 강

벌레, 기어가다

보이려고 했던
M이나 N이나 S는 아닐 것이다

내가 코를 풀 때 눈을 찡그리듯
국수 먹을 때 후루룩거리듯
그의 살아가는 모습이 그럴 것이다

흉본다는 것
비웃는 다는 것
그것은 다른 사람의
M이나 N이나 S를 보았기 때문이다

혹, 누군가도 나의
M이나 N이나 S를 보고 웃었을까

살아가는 것 그것은
M이나 N이나 S인 것이다

구름

산마루에 걸터앉아
하루를 정리하는 태양을
애무하며
그늘 만들어 주려고
붉은 뜨거움에
몸을 던지는 열정
바람이 잦아든 노을 앞에
익어버린
삶의 그림자가 길어지고 있다

죽음, 그 의미 1

-첫 죽음-

첫 죽음
탄생을 위한
소중한 죽음이 있었습니다

십 개월
저만의 세계 속에서
오롯한 삶을 즐기던 날은
자궁의 길이 열리는 날에
사멸하고 말았습니다

태아는
탯줄의 단절이라는 행위로
죽음을 맞이하고
탯줄의 단절은
출생이라는 명분으로
신생아라는 이름을 선물합니다

죽음과 삶이
가위 한 번의 행위로 결정되는 시간
한 인생의 첫 죽음이 있었습니다

죽음, 그 의미 2
-종착-

삶
살아간다는 것
생명 연장을 위한
우리의 모든 행위는
죽음으로 가는 방식입니다

먹으며 자신을 죽여가고
일하며 자신을 죽여가고
시계의 초침조차
자신을 죽이는데 사용됩니다

찰나
우리는 그 찰나로 살아가고
찰나로 죽어가고 있을 뿐입니다

죽음, 그 의미 3

-선물-

죽음은
삶이 받는 선물 중
가장 아름다운 선물입니다

인생은
이 선물을 위해 존재하고
이 선물을 받기 위해
최선의 모습으로 살아갑니다

선물을 받기 위해
스스로를 겸허하게 가꾸고
받을 자격에 어울리기 위해
자신을 다듬어 가는 것입니다

부끄럽지 않으며
후회스럽지 않은 삶으로
나를 나 되게 만들어서
적당한 시기에
내게 다가오는 선물인
죽음을 받으려는 것입니다

죽음, 그 의미 4

-평등-

사회 곳곳에서
터져 나오는 울분들은
평등으로 가자고 외치는
아우성입니다

조화로움이 평등이라며
합창처럼
오케스트라처럼 사는 것이
평등이라 답을 하지만

존재의 가장 위대한 평등은
죽음에게만 있는 것이기에
평등한 세상을 만나는 방법은
죽으러 가는 길 위에 있습니다

죽음, 그 의미 5

-다시 죽음-

주어진 삶의 기간 동안
누리고 싶은 것은
세 잎 클로버를
주변에 넘치게 하는 것입니다

네 잎 클로버는
또 한 번 탯줄이 잘리는 날
그날
선물로 받고 싶습니다

다음을 모르기에 그렇습니다

4부

길에서 만난 세상

직선은
시간에게만 있다는 사실을
육십 넘은 지금에야 알았습니다

자를 대고 그리듯
직선으로 살아보려 애를 썼지만
돌아보니
작은 점 하나를 시간의 등에
얹어 놓았을 뿐입니다.

다른 이들도 별다르지 않습니다
굴곡과 높낮이의 차이가 있을 뿐
자신은 직선이라 말해도
돌아보면 같은 곡선일 뿐입니다

오늘도
하나의 초침으로 시작해
하루의 곡선을 만들어 가려합니다

-〈시간〉

순간이더이다

많이 가졌다고
자랑할 것 없더이다.
많이 배웠다고
내세울 것 없더이다.
높이 올랐다고
목 세울 것 없더이다.

돌이켜 보면
중간중간 끊긴 필름처럼
토막토막 살아나는
추억이라는 이름의 기억뿐,
줄거리조차 희미해지는
순간만 내게 남더이다.

곧

시간이 줄다리기를 한다
긴장이 팽팽하다
기다림은
지루함을 견디지 못해 안달이다
몸은 여기에
마음은 동구 밖이다
손목의 시계가 눈앞을
초초 초초하며 오르내린다
안절부절과
인내가 종말을 고하는 순간이다

곧

속

안이다
깊은 곳에 숨어 있으면서
쉽게 드러나지 않는 것이다

누군가의 속내를 눈치 챘다는 것
스무고개보다 어렵다

차마 드러낼 수 없는 은밀한 것
비밀스러운 것이
깊은 곳에 들어앉아 있다가
상하고 썩어 부글부글 거리면
그제야
눈동자에 충혈이 일고
얼굴이 불그스레해지며
넋두리로 언덕을 쌓거나
귓속말처럼 내어 놓는 것이다

속상하고 썩으면
마음 달래주며

다스리고 보듬어주면 되는데
더 상하고 썩을 때까지 기다려야 하는지

지금
한 장의 열차표가 필요하다

속 2

속이 상하고 썩는 것은
속았기 때문이다

기대했던 사람에게 속고
기대했던 시간에게 속고
기대했던 사업에게 속고
기대했던 약속에게 속고
기대했던 계획에게 속고

속은 결과가
속이 상하고 썩는 것이다

속이고 속지 않는 것이 도리이건만
속이고 속지 않을 수 없는 삶에서
속을 지킬 수 있는 것은
'그러려니'와
'그럴 수 있다'에 있다는 것을
이 나이 되어서야 깨닫고 있다.

속 3

보이지 않는 것에서
보이는 것으로 나타나는
속내

불평과 불만을 임신하고
불안의 시간을 보낸 후

온갖 부정적 언어가
몸서리치며 태어나면
삶은 어두움에게 정복되고
상처만 자라기에

긍정과 희망을 임신하고
인내의 시간으로 보듬어
용기와 성실을 태어나게 하면
상하거나 썩지 않는 속이 될 것을

꽤

한 글자 속에

예상보다 더
멀다와 무겁다와 힘들다가
허리를 붙잡고 있어
피하거나 벗어나고 싶은 본능이
포기라는 방법을 쓰려 하지만
견뎌야 한다는 것과
하지 않으면 안 된다는
설득 때문에
어쩔 수 없이 해야 하는 것

울며 겨자 먹기가 되어버린
꽤

꽤 4

'걸을 만한데 꽤 멀어'
할머니의 말에는
본인의 자신감과
나를 향한 무시가 있었습니다

긍정과 부정이 함께 묻어있는데
나에게 부정이 먼저 다가와
'꽤'라는 부삽으로 가슴을 열고
포기라는 씨를 심어버렸습니다

꽤는 적당한 구실이 되어
내 체면을 망가뜨리지 않았고
어느 곳에서는 명분이 되어
자존심을 세워 주었습니다

꽤 꽤 꽤 하는 것이
습관이 되면 안 된다는 것은
게을러지는 나를 보면서
충격으로 깨달은 한 마디였습니다

농성

잠결에 웅성거리는 소리를 듣다

아침
서재의 책장들을 둘러보는데
아직 봉투에서 꺼내지 못한
여러 권의 책들이 농성을 하고 있다

어젯밤 잠결에 들은 소리는
책들이
서울역이나 광화문에 다녀온 소리였나 보다

책들을 꺼내
주동할 만한 책 한 권을 집어 든다
책을 펼치니
작가의 웃는 얼굴이
글 속에서 튀어나오고
농성이 잦아든다

이번 주는 이 책과 놀아야겠다

통화

냉동된 언어들이
튀어나오며 깨어지고
조각난 어휘들은
날카롭게 날아든다

그의 일상은
언어를 얼려놓는 냉동실이다
외롭다거나
가난하다거나
시간이 돈이어서
남들처럼 못한다거나

마디마디 튀어나올 때마다
슬픔이 함께 묻어나와
듣는 가슴에 아림을 덧씌우니
술 한 잔으로
먹먹해진 마음을 달래본다

길과 글

당연은 언제나
그 자리에 돌처럼 자리한 것

익숙함은 늘
당연히 당연 곁에 있는 것

나태는 게으름 닮아
익숙 곁에서 고개만 갸웃거리니

당연과 익숙과 나태함
이 삼 종 세트에서 쏟아지는
인스턴트 닮은 일상

길을 나선다

저 멀리 보이는
당연과 익숙과 나태의
껍질을 벗겨 보기 위해서

새롭다는 것은 길 위에 있는
당연을 뒤집어 보는 일

이제 뒤집기 한판을 벌여볼 일이다

이면 도로

어둠이 찾아들면
낮 동안 움츠리고 있던
이기利己가 깨어나
숨어있는 욕구들을 일으킨다

왁자지껄은
지나가는 아이의 눈동자를 키우고
거리는 호들갑에 휩쓸려
노인의 입에 한숨을 물게 한다

몇 걸음 더 걷기 싫은
자동차들은 눈감고 자는 척하고
향수인 양 가면을 쓴 술 냄새는
바람을 끈적거리게 한다

배려는 지금
건물과 건물 사이에 끼어
마음만 분주할 뿐
헤어 나오지 못하고 있다

시간

직선은
시간에게만 있다는 사실을
육십 넘은 지금에야 알았습니다

자를 대고 그리듯
직선으로 살아보려 애를 썼지만
돌아보니
작은 점 하나를 시간의 등에
얹어 놓았을 뿐입니다.

다른 이들도 별다르지 않습니다
굴곡과 높낮이의 차이가 있을 뿐
자신은 직선이라 말해도
돌아보면 같은 곡선일 뿐입니다

오늘도
하나의 초침으로 시작해
하루의 곡선을 만들어 가려합니다

허름한 시간

사연이 잘려
밑동만 남은 그루터기 위에
갈증이 모여 헐떡거리는 겨울

마른 바람이
조금 남은 심장의 수분을 핥고
냉정한 걸음으로 제 길을 간 후

허전한 가슴을 채우기 위해
들쥐가 먹이 찾아 논으로 가듯
허름한 주점에 앉아
술로 가슴을 채워가는 동안
여주인이 눈웃음을
안주 위에 덤으로 한소끔 뿌리지만

헐떡거리는 갈증이 해소되지 않아
알코올로 심장을 마사지하는
허름한 오후의 시간

돛과 닻

사람살이가 별반 다르지 않고
모양은 달라도 본질이 같으며
환경은 달라도 본능이 같은 것은
사람살이의 근원이 같기 때문입니다

가야 할 곳을 가기 위해
시절에 맞는 쪽으로 돛을 세우고
나침판이 없으면
해와 달과 별을 보고 가면 됩니다

설 곳에 서기 위해
맞춤한 곳에 닻을 내려
폭풍과 파도가 드세어도
흔들리지 않도록 단단히 고정해야 합니다

모음 하나의 변화가 글의 뜻을 변화시키듯
삶이의 결정 하나가 삶을 변화시키니
돛과 닻을 잘 사용하는 것이
삶의 질을 높고 깊게 하는 것입니다

화장 속의 본성

퀭한 눈동자 속에 고양이 한 마리가 쉬지 않고 두리번거리면서 제 몫뿐 아니라 다른 이의 몫에도 관심을 기울이며 잔머리를 굴리고 있는데, 고양이의 코는 생선냄새로 가득한 모양이다,

떡판의 떡 고물을 맛본 어느 주둥이가 떡판 채 자신의 작은 주머니에 구겨 넣으려고 버둥거리는 것과 매일반이니, 그 주둥이나 고양이의 눈동자는 적어도 사촌 지간 정도는 될 것이다.

썩어 냄새가 진동하는 심장 속에서 검은 손 하나가 불쑥 솟아나오더니 내 것 네 것 없이 제 것인 양 휘잡아 뱃고래 속으로 잡아당기지만 고래심줄처럼 질기고 질긴 것은 떨어지지 않고, 검은 손에는 땀이 달라붙어 썩은 냄새의 고약함에 힘을 보탠다.

완장 하나가 어깨에 걸쳐지니 온 동네를 휘젓고 다니면서 행세를 하려하고, 감도 배도 제 놓고 싶은 곳에 놓

으려 하면서 감초 하나를 주머니에 넣고 필요할 때마다 조금씩 꺼내어 여기저기 뿌려대고 있다.

나는 해진 후 이불에 들어가기 전에 얼굴의 화장을 지운 그 원래의 얼굴을 보고 싶다.

침, 몸살

고단이 묵직하게
등에 내려앉는 날
허리가 먼저
걷기 힘들다 아우성쳤고

침이 다녀간 자리
몸살이 슬며시 몸 들이밀며
자기부터 돌보라고
심술부리는데

잠이 보약이라던 어머니께서
흰죽 끓여 먹이려고
가난한 쌀독 뚜껑 여는 소리
아슴아슴 잠결을 넘나든다

침, 신음

엎드려 침을 맞고
선잠이 슬며시 들려는데
커튼 한 장 사이를 두고
어느 여인의
침을 맞고 있는 소리가

오래 전
어느 시인이 술자리에서
젊은 시절
취한 몸이 얼떨결에
여인과 보낸 밤 이야기를
슬며시 데려다 놓는다

아!
그 시인과
함께 밤을 보낸 여인이
옆 침대에 누워
침을 맞는 중이구나

하류 인생

살맛나게 살고 싶어
허둥지둥거리지만
빚으로 빚 갚느라
허겁지겁하는 인생

포장 인생

상처 난 삶에
일회용 반창고조차
붙이지 못하면서
포장지는
백화점에서 구매하여 쓴다.

김장

1
당신이 원하는 것을
내 몸 깊은 곳에 넣어주세요
내 몸과 마음은
당신께로 열려있답니다

2
내 몸이 부드러울 때
당신의 붉은 정열로
나를 감싸 주세요
나는 당신의 것이랍니다

3
겉만으로 판단하지 마시고
내 속을 열어보세요
당신을 향한 내 마음이
노랗게 익어 있답니다.

고추

아침, 여자는
마당에 돗자리 깔고 쪼그려 앉아
빨간 고추를 널고 있다

고추 냄새가
코를 매콤하게 하고
무릎을 시큰거리게 한다

점심, 물 말은 밥 한 숟가락에
된장 찍은 고추 하나
입 안을 얼얼하게 만드는데

오늘 밤, 잠이나 잘 수 있을까
벽에 걸려있는 검은 액자 속에서
남자가 환하게 웃고 있다

핸들을 접으며

사 년의 기록을 접는데

발바닥은
브레이크의 비명과
악셀의 허둥거림을
얼마나 기억하고 있을까

아이들 웃음소리가
등에 붙어 떨어지지 않는데
윈도 브러시는
기억을 닦아내야 한다며
부지런히 왕복운동을 하고

층층이 쌓여 원망하던
저녁 없던 시간들이
자신의 몫을 드러내고
우선순위를 정하지 못해
웅성웅성 거리고 있지만

잠시
무엇에게도 나누지 않을
혼자의 시간으로 묶기 위해
가방과 함께 길을 나선다

발바닥

집으로 돌아오는 길
가슴이 깊은 수렁에 빠져 허우적거리고
눈은 어둠으로 포장되어 버린
그 밤
발바닥의 기억력이 불을 밝혀주었다

은근慇懃

은근이라는 말이 참 좋다
드러내지 않는 속내를
알 듯 모를 듯
묘한 표정으로 답을 주고
부담스럽지 않은 즐거움으로
적당한 행복을 누리게 하며
실체를 드러내지 않아
잡히지 않지만
참기름 냄새가 솔솔 풍기는
은근慇懃

고정현 시인의 가방

낡음

시인 김창현

낡은 이 가방의 주인공은 오산에 사는 고정현 시인이다. 젊은이들과 격의 없이 교류하시는 하얀 백발에 멋진 노년의 중견 시인은 문단의 원로이기도 하지만 자신은 아마도 아직 40대 젊음에서 벗어나지 못하는 것 같다.

1년 전 불쑥 찾아오신 시인의 가방은 그를 더욱더 시인이게 했는데 이번에도 또 그 낡음을 들고 진주에 오셨다. 낡음을 부끄러워하지 않는 것 — 늙음을 그대로 인정하지 못하는 본인과는 대비되는 듯하지만 사실은 그렇지 않다. 난 늙음을 마치 세상의 어른이라도 된 듯 대접받으려는 많은 늙음을 본다. 늙음은 자연으로 돌아가는 과정 중 퇴화와 소멸의 과정이다. 낡음을 그대로 들고 다니는 고정현 시인은 늙음을 그대로 인정하는 분인 건 자명하다. 늙음으로 젊음 위에 서지 않으며 낡은 모습 그대로 자기를 내어준다.

난 문단에서도 한참 어른이고 선배인 그분을 그래서 좋아한다. 친구이고 선배이고 어른이다. 존경은 자발적으로 우러나는 것이지 존경을 받고자 하는 대상의 요구에 부응하는 것이 아니다.

존경은 존경하는 사람의 권리이고 사랑은 사랑하는 사람의 권리이다. 우리는 때때로 사랑을 강요하는 경우가 많다. 내가 너를 사랑하니까 너도 그래야 한다고 생각한다. 이는 선물을 주었으니까 되받아야 된다는 것과 같다. 물질이 만능이다 보니 무형의 가치인 사랑도 마치 거래하듯 하는 것인데 우리가 학습된 경제 관념 때문인 듯싶다. 사랑은 하고 싶은 사람의 권리이고 사랑은 피드백을 원하지 않음이다. 사랑함으로 행복하고 자신의 기쁨 속에 드는 것이다.

자신이 사랑한다고 타인을 해치거나 원하지 않는 행위를 하는 것은 추행이다. 타인의 아픔을 간과하는 사랑은 집착이다. 진정한 사랑은 스스로가 흐뭇하고 행복해야 한다. 상대에게 바라거나 원함이 없어야 하고 올곧이 자신을 다 주어도 아까움이 없어야 한다. 꽃을 보고 예쁘다고 하면 자신이 좋은 것과 같음인데 우리는 꽃이 기뻐하지 않는다고 꽃에게 화풀이를 하는 형상으로 산다. 존경도 이와 같다. 존경은 고위직에 있다고, 학생을 가르치는 선생님이라고, 나이를 먹었다고 받을 수 있는 것이 아니다. 자신을 내려놓고 타인에게 관심을 기울이고 타인의 삶으로 걸어 들어갈 때 타인으로부터 저절로 우러나는 것이다. 특히 선배는 도움을 요청하는 후배에게 자신의 경험과 지식을 지혜의 바탕에서 후배의 눈높이에 맞춰 이끌어 줄 때 존경심이 생겨난다. 우리는 보통 선배라고 자신의 시각으로 보고 후배의 입장을 배려하지 않고 마구 지적해대는 선배를 보는데 이는 간섭이거나 강요이다. 반드시 도움을 요청하거나 길을 몰라 허덕이는 후배에게 아버지가 어린 아이를 걱정하듯 돌부리를 치우는 마음으로 대할 때 후배는 선배들을 존경할 것이다.

우리 네 명 중에서 고정현 시인이 소개한, 진주에서 식당을 하며 시를 쓰는 조문정 시인과 광양 포스코에 근무하며 시를 쓰는 강 시인은 초면이다. 고정현 시인의 sns친구인데 그도 오프라인에서 만나는 건 처음이란다.

늙은 선배의 연륜과 낡은 선배의 가방 그리고 새로운 사람들의 만남이다.

글이라는 모티브가 있어서 그런지 낡음과 새로움 속에서 우리 넷은 곧 접점을 찾았다. 적당한 낡음이 우리를 이끄는 시간, 무뎌진 중년들이 모이면 부딪힘은 적다.

20대에는 새로움과 부딪히면 모서리들이 자주 닳곤 했

다. 괜히 싸우고 부딪히기가 일쑤였다. 낡음은 유행가 가사처럼 낡음이 아니라 익어감인 것 같다.

오십 대의 세 사람과 칠십을 바라보는 낡아가는 사람들이 모여 농익어 간다. 언젠가 떨어져 썩어갈 미래가 아른거리기도 하지만 익을 대로 익어가는 삶, 튼실한 열매로 누군가에게 등대가 되면 좋겠다.

누군가의 새싹이 되고 2500년 전의 그 사람들처럼 미래의 가슴에 꽃으로 피면 좋겠다.

반 백발이 올 백발이 되면 나도 낡음을 즐길 수 있을까?

#GOOSE IS HERE
Brewhouse CANADA
Brewpub MEXICO
GOOS